LE GOUVERNEMENT

DU

4 SEPTEMBRE

DOCUMENTS, PAPIERS, PIÈCES ET DÉPÊCHES

PUBLIÉS PAR

LA COMMISSION D'ENQUÊTE

NOMMÉE PAR

LA COMMUNE

ÉDITION OFFICIELLE
Paris 1871

EN VENTE
CHEZ A. CHEVALIER, LIBRAIRE-ÉDITEUR
61, RUE DE RENNES, 61

7192 $\underline{\underline{B}}$.

de Gouvernement du
4 Septembre —.

——

cart = vert.

La France sait maintenant par une douloureuse expérience
de huit mois où voulait la conduire et où l'a conduite le gouvernement du 4 septembre.

Les événements ont appris aux esprits les plus aveuglés, les
plus prévenus, comme les plus impartiaux, la valeur des
hommes qui, après avoir juré de défendre Paris, l'ont livré à
l'étranger et le bombardent en ce moment pour conserver les
derniers restes d'un pouvoir qui aura été si fatal au pays.

La lumière est faite aujourd'hui.

Il y avait nécessité, cependant, dans l'intérêt de l'histoire,
de réunir et de classer les divers papiers et documents relatifs
à ces hommes et aux actes de leur gouvernement.

Il y avait nécessité, pour l'honneur de la nation, pour le
respect de la vérité et de la morale publique, de montrer au

peuple et à la **France** tout entière, séparée de la capitale par un nouveau blocus, que le gouvernement de la défense nationale a manqué à la mission qu'il avait usurpée et qu'il a sacrifié la gloire et le salut de la nation à des considérations mesquines ou inavouables.

C'est pour cela que la Commune de Paris a choisi une commission d'enquête chargée de publier ce travail.

Il ne pouvait y avoir de réponse plus opportune à faire aux bombardeurs.

Pour la Commission d'enquête :

Le Président,

CASIMIR BOUIS.

Paris, 2 mai 1871.

LE GOUVERNEMENT

4 SEPTEMBRE

LE 22 JANVIER 1871

I

TÉLÉGRAMME.

Pour Paris. — De Paris G. N., N. 3906.

Dépôt le 22 janvier à 3 h. 25 m. du matin.

Commandant supérieur à Commandants des secteurs.

Tout annonce pour demain, dès le matin, une journée grave
Ayez vos hommes prêts de bonne heure, le plus tôt possible, et tenez-
les à notre disposition.

II

TÉLÉGRAMME.

Pour Paris. — De Gouverneur, N. 424.

Dépôt le 22 janvier à 3 h. 27 m. du matin.

Gouverneur au Préfet de police.

Reçu vos dépêches. Nos précautions sont prises.

III

DÉPÊCHE TÉLÉGRAPHIQUE.

N. 963. — Exp. 8 h. 40 m.

Paris, 22 janvier 1871, 7 h. 40 m. du matin.

Le général Vinoy au général Blanchard.

Donnez immédiatement l'ordre aux trois bataillons du Finistère de rentrer dans Paris. Un bataillon s'arrêtera avenue d'Italie à hauteur du secteur, les deux autres iront s'établir dans les bâtiments neufs de l'Hôtel-Dieu. Ces trois bataillons seront remplacés à la division Maudhuy par trois bataillons de la brigade Martenot. Un officier d'état-major du général Maudhuy accompagnera les bataillons, et viendra rendre compte du mouvement dès qu'il sera terminé.

IV

DÉPÊCHE TÉLÉGRAPHIQUE.

N. 966. — Exp. 9 h. du matin.

Paris, 22 janvier 1871. — 8 h. 15 m. du matin.

Gouverneur au général d'Exéa. — Lilas.

Fermentation très-grande. Faites venir aux Lilas la petite partie de troupes que vous pouvez avoir de disponible, avec une ou deux batteries d'artillerie pour prendre à revers Belleville, s'il y a lieu. Mettez-vous en communication immédiate avec le général Callier commandant le 2e secteur.

V

DÉPÊCHE TÉLÉGRAPHIQUÉ.

N. 964. — Expédiée 8 h. 48 m. du matin.

Le général Vinoy au général Courty. — Quai Impérial, 42
(Puteaux).

Faites prendre immédiatement les armes à votre division, et rentrez à Paris avec votre artillerie et votre division. Vous vous établirez aux Champs-Élysées, aux environs du palais de l'Industrie, et vous y attendrez des ordres. Envoyez-moi un officier pour me prévenir, aussitôt que le mouvement sera terminé.

VI

GARDE RÉPUBLICAINE.

Extrait du Rapport général du 21 au 22 janvier 1871.

Événements.

La garde républicaine, infanterie et cavalerie, a été tenue sous les armes, de 11 heures du soir à 1 heure du matin, et de 2 h. 1/2 à 5 h. 1/2 dans les casernes, prête à marcher à la première réquisition de M. le préfet de police. Depuis 5 h. 1/2 du matin, une compagnie de piquet par caserne est restée sous les armes.

. . . .

Nota, — Il existe de forts piquets dans les casernes, prêts à marcher. De plus, les postes d'infanterie ont tous été doublés.

Paris, 22 janvier 1871.

Le colonel commandant la garde républicaine,

A M. le Préfet de police.   (*Signature du colonel*).

VII

POLICE MUNICIPALE.

Service de M. Bressaud, officier de paix. — Cabinet. — 1er bureau.
Surveillance générale.

Paris, 22 janvier 1871. — 1 h. 40 m.

Rapport.

La tentative faite par les gardes nationaux pour s'emparer de l'Hôtel de ville, paraît, quant à présent, avoir échoué.

Après l'incident dont j'ai rendu compte, des *gardes mobiles ont paru aux fenêtres du palais, braquant leurs fusils sur la place.* Aussitôt, gardes nationaux et curieux se sont enfuis de tous les côtés.

La place est à peu près vide, mais les rues voisines sont encombrées.

Vu : (un simple paraphe).   L'officier de paix :

Signé : BRESSAUD.

VIII

DÉPÊCHE TÉLÉGRAPHIQUE. — N. 992.

Hôtel de ville, 22 janvier 1871.— 1 h. 55 m. soir.

Cambon à Jules Ferry.

Il y a une tentative de surprise. Elle a échoué. Les portes sont fermées. Les mobiles occupent les issues. Chaudey reçoit en ce moment une députation conduite par Tony Révillon. *Je crois que la vue de nos préparatifs a impressionné les délégués.* La place est à peu près vide. On s'est réfugié dans les rues avoisinantes. *J'ai défendu qu'un seul mobile se montrât.* Reste devant la grille environ 300 personnes armées ou non armées. Un bataillon, après avoir parcouru la place, s'est massé du côté de l'Hôtel de ville. On m'a assuré que Flourens était là; je vais faire vérifier.

IX

DÉPÊCHE TÉLÉGRAPHIQUE. — N. 999.

Police, le 22 janvier 1871. — 2 h. 15 soir.

Préfet de police au Ministre de l'intérieur et à Gouverneur.

Agitation continue à l'Hôtel de ville. Des hommes armés rue de Rivoli. *Rien de sérieux, mais ne pas laisser grandir l'émeute organisée par des insensés.* On battrait la générale aux Batignolles, avec l'adjoint Malon pour directeur du mouvement.

X

DÉPÊCHE TÉLÉGRAPHIQUE.

Paris, le 22 janvier 1871. — 3 h. 20 m. soir.
(Accusé de réception.)

Général Vinoy à général Malroy. — Place Vendôme.

Dirigez de suite deux bataillons de gendarmerie sur la place du Carrousel.

Des bataillons de garde nationale sont envoyés sur le même point. Vous prendrez le commandement de ces troupes et vous les diviserez en trois colonnes qui se dirigeront sur la place de l'Hôtel-de-Ville par la rue de Rivoli, les quais et l'avenue Victoria. Accusez réception.

XI

DÉPÊCHE TÉLÉGRAPHIQUE.

Police, 22 janvier 1871, 2 h. 27 m. soir.

**Préfet de police à Intérieur, Gouverneur, Général
de la Garde nationale.**

Les groupes de la place de l'Hôtel-de-Ville armés, toujours
menaçants et criards. *Il ne faut pas attendre les renforts qu'ils espè-
rent et qu'on cherche.*

XII

DÉPÊCHE TÉLÉGRAPHIQUE.

État-major Vinoy. — 2 h. 28 m. soir. N. 6262-3. — Porte Maillot, 5e secteur.—
N. 2443. — *Urgence extrême.*

Porte Maillot, état-major Vinoy, 22 janvier.— 2 h. 25 m. du soir.

Général Vinoy à général Courty. — Porte Maillot.

Entrez à Paris avec votre division et votre artillerie et dirigez-
vous sur la place de la Concorde, où vous recevrez des ordres.
Faites vite.

XIII

État-major Vinoy. — N. 6263-3. — 2 h. 37 m.
Urgence extrême.

Général Vinoy à général Bertin.— Rue Louis-le-Grand.

Faites monter à cheval la gendarmerie et la garde républicaine, et
rendez-vous avec cette cavalerie sur la place de la Concorde où vous
attendrez des ordres.

2e *fascicule.* — *Édit. offic.*

XIV

DÉPÊCHE TÉLÉGRAPHIQUE. — N° 1006.

Hôtel de ville, le 22 janvier 1871. — 2 h. 70 m. du soir.

Cambon à Jules Ferry.

Robinet arrive et me dit que vous ne prenez pas la manifestation au sérieux.

Il y a beaucoup de monde et très-hostile.

Une seconde députation, reçue par Chaudey, sort et harangue la foule. Un groupe de 3,000 personnes compactes est au milieu de la place. C'est beaucoup plus sérieux que vous ne croyez.

Chaudey consent à rester là ; mais prenez des mesures le plus tôt possible, pour balayer la place.

Je vous transmets, du reste, l'avis de Chaudey.

XV

DÉPÊCHE TÉLÉGRAPHIQUE. — N° 1008.

Hôtel de ville, le 22 janvier 1871. — 2 h. 57 m. du soir.

Cambon à Jules Ferry.

Une compagnie de marche du 207ᵉ bataillon se range devant la porte en criant : Vive la Commune ! Ils…. — Coups de fusil sur la place, j'interromps dépêche.

On tire sur la foule, sur la place…

Ils….. grand guidon rouge, et sont acclamés par les individus bruyants de la foule.

Le feu continue.

XVI

Pour Paris de Paris. — N. 4101.

Dépôt le 22 janvier 1871, à 4 h. 52 m. du soir.

Maire de Paris aux Commandants des neuf secteurs.

Quelques gardes nationaux factieux appartenant au 101ᵉ de marine ont tenté de prendre l'Hôtel de ville. Ils ont tiré sur les officiers

de service et blessé grièvement un adjudant-major de la garde mobile. La troupe a riposté.

L'Hôtel de ville a été fusillé des fenêtres des maisons qui lui font face,
de l'autre côté de la place, et qui étaient d'avance occupées. On a lancé
sur nous des bombes et tiré des balles explosibles.

L'agression a été la plus lâche et la plus odieuse. D'abord, au
début, puisqu'on a tiré plus de cent coups de fusil sur le colonel
et ses officiers au moment où ils congédiaient une députation admise
un instant avant dans l'Hôtel de ville. Non moins lâche ensuite,
quand, après la première décharge, la place étant vidée, et le feu
ayant cessé de notre part, nous fûmes canardés des fenêtres en face.

Dites bien ces choses aux gardes nationaux, et tenez-moi au cou-
rant.

Ici tout est rentré dans l'ordre. La garde républicaine et la garde
nationale occupent la place et les abords.

XVII

L'Hôtel de ville a été fusillé des fenêtres des maisons qui lui
font face, de l'autre côté de la place, et qui étaient d'avance
occupées !

Ces maisons, qui font face à l'Hôtel de ville, étaient en effet
occupées d'avance.

L'enquête suivante va nous dire par qui.

Sédition du 22 janvier 1871.

Audition des témoins des faits relatifs à ce mouvement.

Analyse sur l'enquête faite par M. Bellanger, commissaire de
police des délégations judiciaires.

— CALMELS (Édouard), représentant de commerce, chez son père,
avocat, quai de Gesvres, n° 2 :

« Il était chez lui pendant l'insurrection. Des balles ont été tirées
sur les fenêtres... Aucun insurgé n'était monté dans les maisons. »

— Dame GRIMAL, concierge, quai de Gesvres, n° 2 :

« On n'a pas tiré de la maison... Un individu, un insurgé, a voulu
y entrer. Elle s'y est refusée. »

— Madame CHAMBERTIER, concierge, avenue Victoria, n° 2 :

« On n'est pas entré dans la maison, DONT LES ÉTAGES SUPÉRIEURS ÉTAIENT GARDÉS PAR DES MOBILES. »

XVIII

Maintenant la note de la fin.

N. 113700. — *Note.*

Un de mes officiers de la caserne Lobau m'apprend que M. le général Vinoy vient de former une cour martiale, à l'Hôtel de ville, chargée de statuer sur le sort des prisonniers faits pendant la dernière émeute.

N'y aurait-il pas lieu de déférer à ladite cour martiale les prisonniers actuellement en dépôt à la Conciergerie?

(Signature du colonel.)

En marge de cette note, et en surcharge, on lit : « Écrit au colonel. M. le préfet est d'avis de traduire les insurgés pris les armes à la main. »

LE

DOSSIER BAZAINE

I

DÉPÊCHE TÉLÉGRAPHIQUE.

Bureau de Tours, N. 969. — 17 octobre 1870.

Boulogne, 17 octobre 1870. — 4 h. 12 m. du soir.

Inspecteur à Directeur général. — Tours.

Correspondance du *Times*. — Saarbruck, 16 octobre. —Tranchées devant Metz terminées et batteries installées. Français tirent sans cesse. Prussiens tirent sur campement.

Un parlementaire envoyé de Metz au prince Charles, ensuite parti trouver le roi.

Pas de résultat connu.

Pour copie conforme :

L'INSPECTEUR.

II

DÉPÊCHE TÉLÉGRAPHIQUE.

Bureau de Tours. — Expédiée le 19 octobre 1870. — 1 h. 10 m. du matin.

Bruxelles, le 18 octobre 1870. — 8 h. 50 m. du soir.

Havas. — Tours.

Nouvelles quartier général allemand annonce que 14/10 général

Boyer, venant de Metz arrivé Versailles, fut reçu par Bismarck, lequel allé ensuite auprès roi.

Pour copie conforme :

L'INSPECTEUR.

III

DÉPÊCHE TÉLÉGRAPHIQUE.

Bureau de Tours, N. 954. — 19 octobre 1870.

Boulogne, 19 octobre 1870.— 3 h. 39 m. du soir.

Inspecteur à Directeur général. — Tours.

Correspondance du *Times*.

Berlin, 18 octobre. — Général Boyer, aide de camp de Bazaine, a eu entrevue avec comte Bismarck, qui, immédiatement après, s'est rendu chez le roi.

Pour copie conforme :

L'INSPECTEUR.

IV

DÉPÊCHE TÉLÉGRAPHIQUE.

Bureau de Tours, N. 472.

Boulogne, 23 octobre 1870.— 11 h. du matin.

Inspecteur à Directeur général. — Tours.

Télégramme du *Times*. — Saarbruck, 21, soir. — Silence inexplicable des canons de Metz depuis retour général Boyer.

Grandes réjouissances mercredi dans Metz, salves tirées, acclamations et musiques, drapeaux arborés partout.

Déserteurs français abondent, tous dans triste état et font rapports les plus contraires, temps très-mauvais.

Épidémies sévissent toujours chez Prussiens, qui regardent capitulation comme imminente.

Télégramme du *Daily-News*. — Général Boyer a proposé à Versailles la reddition armée Bazaine mêmes conditions qu'à Sedan, avec faculté, pour garnison régulière de Metz, de continuer à défendre place. Moltke a refusé.

Chute de Metz est attendue sous peu.

Bitche a été investi par 8,000 hommes avec canons de Strasbourg.

Pour copie conforme :

L'INSPECTEUR.

V

DÉPÊCHE TÉLÉGRAPHIQUE.

Bureau de Tours, N. 15. — Expédiée le 23 octobre 1870. — 12 h. 20 m. du soir.

Londres, 23 octobre 1870, 11 h. du matin.

Havas. — Tours.

Observer Boyer, arrivé vendredi, vit samedi impératrice.

Prussiens pas arrivés hier soir. Anciens villages autour Amiens fortifiés. — Reuter.

Pour copie conforme :

L'INSPECTEUR.

VI

DÉPÊCHE TÉLÉGRAPHIQUE.

Bureau de Tuors.— N. 16.

Bruxelles, le 25 octobre 1870. — 9 h. 36 m. du matin.

Havas. — Tours.

Berlin, 24. — *Nordeutsche-Zeitung,* discutant nouvelle publiée par correspondance Warrens, dit cette nouvelle souleva déplaisir. Le journal rassure contre inquiétude d'immixtion étrangère.

Frédéric-Charles et suite, sous drapeau parlementaire, se dirigeaient 20/10 vers Metz. Négociations pour reddition ont lieu.

Boyer était hier quartier général du prince Frédéric-Charles.

Gazette Croix *dit, concernant négociations Boyer avec Bismarck, que*

*Bazaine menait négociations pas seulement indépendamment de gouver-
nement provisoire, mais en contradiction avec gouvernement.*

Deux bataillons chasseurs réserve sont formés pour faire service
étapes dans districts occupés. — Delamarre.

Pour copie conforme :

L'INSPECTEUR.

VII

DÉPÊCHE TÉLÉGRAPHIQUE.

Bureau de Tours, N. 686. — Expéd. 28 octobre 1870. — 2 h. 40 m. du matin.

Bourg, 27 octobre 1870. — 9 h. 30 m. du soir.

Préfet de l'Ain à Intérieur. — Tours.

Le commissaire spécial de Bellegarde m'informe par dépêche
chiffrée que M. de Valcourt, se disant émissaire de Bazaine, vient
de passer, se rendant à Tours, chargé d'une importante mission mi-
litaire. Il aurait donné à entendre que le maréchal serait dans une
position critique pour les vivres.

Je vous transmets cet avis textuellement, tel que je le reçois, et
m'étonnant du passage par Bellegarde, quand chemin plus court est
ouvert par Belgique.

Pour copie conforme :

L'INSPECTEUR.

VIII

DÉPÊCHE TÉLÉGRAPHIQUE.

Bureau de Tours, N. 511. — 29 octobre.— 4 h. du soir.

Besançon, 29 octobre 1870, 2 h. 43 m. du soir.

Préfet Doubs à Guerre. — Tours.

Voici dernière dépêche de Pontarlier :

« Dépêche d'hier confirmée de Suisse. On dit à Bâle que Changarnier et troupes refusent capitulation de Bazaine. Ce dernier fait
prisonnier. »

Pour copie conforme : Éd. Ordinaire.

D'autre part, sais de source certaine qu'il y a huit jours *Courrier du Bas-Rhin*, journal prussien de Strasbourg, disait : « Boyer envoyé par Bazaine à Versailles pour traiter capitulation. » — Éd. Ordinaire.

Pour copie conforme :

L'INSPECTEUR.

IX

DÉPÊCHE TÉLÉGRAPHIQUE.

Bureau de Tours, N. 603. — Expédiée le 27 octobre.

Arras, le 29 octobre 1870, 4 h. du soir.

Le Préfet du Pas-de-Calais à M. le Ministre de l'intérieur. — Tours.

Les journaux belges et anglais confirment capitulation de Metz. 173,000 prisonniers, 20,000 malades et blessés, 6,000 officiers, 3 maréchaux.

L'*Indépendance belge* contient un extrait du *Journal de Saint-Pétersbourg* qui jette un certain jour sur les intrigues de Bazaine. Il se proposait de mettre le gouvernement actuel en demeure de convoquer une Assemblée constituante. Si le gouvernement n'obéissait pas, il se mettait à la disposition de tout autre gouvernement qui s'établirait dans une ville de France et prendrait l'engagement exigé.

Pour copie conforme :

L'INSPECTEUR.

X

DÉPÊCHE TÉLÉGRAPHIQUE.

Bureau de Tours, N. 9. — Exp. le 30 à 1 h. du matin.

(*Personnelle et urgente.*)

Lille, le 29 octobre 1870. — 10 h. 45 m. du soir.

Le Préfet du Nord à Gambetta. — Tours.

Reçu votre dépêche concernant Bazaine. J'ai averti procureur

3e fascicule. — *Édit. offic.*

général Morcrette. Est-il nommé? Il ne paraît pas sûr politiquement. Testelin à Tours vous donnera détails.

Grande émotion ici concernant Bourbaki. Fâcheuse coïncidence entre son arrivée ici et la capitulation de Metz. Doutes sur tendance.

Pour copie conforme :

L'INSPECTEUR.

XI

DÉPÊCHE TÉLÉGRAPHIQUE.

Bureau de Tours. — N. 595. — Expédiée le 30 à 11 h. 45 m. du soir.

Langres, le 30 octobre 1870. — 8 h. 50 m. du soir.

Sous-préfet Langres à Ministre Intérieur et Guerre. — Tours.

Opinion de Prussiens, officiers compétents : Méfiez-vous de Bourbaki. — Il peut faire comme Bazaine et restaurer prince impérial.

Place de Langres peut être cernée. Elle résistera à outrance. Donner au général pouvoir demandé.

Pour copie conforme :

L'INSPECTEUR.

XII

DÉPÊCHE TÉLÉGRAPHIQUE.

Bureau de Tours.— N. Common — Expédiée le 31 à 7 h. 30 m. du soir.

Bruxelles, le 31 octobre 1871. — 5 h. 10 m. du soir.

Havas. — Tours.

Indépendance publie ce qui suit : « Un officier échappé de capitulation nous apporte numéro *Indépendant Moselle* publié dans Metz au moment entrée allemande. »

Circonstances qui précédèrent reddition y sont relatées manière précise et détaillée.

Il en résulte clairement que armée assiégée indignement trompée par ses chefs, qui, pour faire patienter armée, quand elle demandait se ruer ennemi pour faire trouée à tout prix, promettaient bientôt armée pourrait sortir intacte avec honneurs guerre; que chefs montrèrent France entière en proie anarchie, Paris, Lyon, Marseille, Bordeaux, Toulouse en pleine guerre civile, Rouen, Havre, demandant secours Prussiens, et cela jusque jour que vinrent déclarer que tout manquait, et était impossible obtenir autre chose que capitulation pareille celle Sedan.

Indépendance ajoute : « Est plus douteux que Gambetta eu raison en accusant trahison. » Population Metz, sous yeux de laquelle odieuse comédie est jouée, en a jugé ainsi en saluant Bazaine cris d'indignation, colère. — Delamarre.

Pour copie conforme :

L'INSPECTEUR.

XIII

DÉPÊCHE TÉLÉGRAPHIQUE.

Bureau de Tours. — N. 183. — Expédiée le 1er novembre.

Lille, le 31 octobre 1870. — 10 h. 11 m. du soir.

Préfet du Nord à Intérieur. — Tours.

(Confidentielle.)

Bourbaki reçu mal à Douai, très-démonté, voyant qu'il n'inspire pas confiance. Me prie de vous écrire.

Fâcheuse coïncidence entre arrivée Lille et capitulation de Metz. — Sa proclamation, assez bien vue, n'a pu détruire prévention peuple.

On compare sortie inexpliquée Bourbaki avec sortie Boyer. — Bourbaki dit avec raison que le moindre échec serait appelé trahison. — En deux mots, il demande son rappel, ne trouvant pas ici confiance suffisante.

Je crois à sa bonne foi, mais sa position est délicate. — Il propose comme remplaçant Durrieu ou Cambriels. — Le malheur veut qu'il ait pour aide de camp Magnan, nom mal vu à Lille.

Attendez retour Testelin, qui jugera situation.

La population est découragée. — Le désir de paix fait grands progrès même parmi amis. — Les dernières dépêches d'Avesnes disent qu'ennemi se rapproche d'Hirson, rien de positif.

. Pouvez-vous nous envoyer de suite chassepots avec cartouches ? Nous sommes sans armes.

Pour copie conforme :

L'INSPECTEUR.

XIV

DÉPÊCHE TÉLÉGRAPHIQUE.

Bureau de Tours. N. 363. — Expédiée le 1er novembre à 2 h. du soir.

Langres, le 1er novembre 1870. — 11 h. 16 m. du matin.

Général à Intérieur et Guerre. — Tours.

Un lieutenant du 2e de ligne, évadé de Metz, parti le 29, affirme que les forts de Metz aux commissaires prussiens le 29 à 11 h. du matin.

Il est parti déguisé pendant que son régiment défilait devant les Prussiens à Grigy.

La capitulation était préparée depuis longtemps par Bazaine, qui n'a jamais reconnu le gouvernement.

Des ordres officiels, communiqués aux troupes par le maréchal, indiquaient que la France était dans l'anarchie, que le gouvernement de Paris n'était pas reconnu à Lyon ni dans le Midi.

La capitulation était connue de la population et de l'armée, dans la ville de Metz, depuis le 27 ou le 28. Les gardes nationaux, après quelques velléités d'insurrection, avaient rendu leurs armes.

Depuis le 7 octobre on ne tirait plus le canon.

L'armée et la ville étaient exaspérées contre Bazaine et contre Coffinières.

On disait que Bourbaki était allé dans l'intérieur prendre un commandement pour concourir avec Bazaine à la restauration de l'impératrice.

Des ordres sévères étaient donnés pour empêcher que l'armée détruisît ses armes. La condition du bon état des armes était d'ailleurs imposée par la capitulation, et, si cette clause n'était pas exécutée, on menaçait les officiers français de les faire travailler en Prusse comme pionniers.

Quelques officiers ont donné l'exemple eux-mêmes, dans leur compagnie, en cassant des fusils.

Il y avait des vivres dans la ville, mais les perquisitions pour les troupes, chez l'habitant, ont été faites d'une manière illusoire, et les vivres n'avaient été réellement ménagés qu'à partir du moment où la mission de Bourbaki avait échoué.

Le 29 octobre, on aurait pu encore trouver des vivres pour vingt jours, et on aurait pu réunir 65 à 70,000 combattants, non compris les hommes affaiblis, les malades, les blessés incapables de s'éloigner de Metz à quelques marches. *Il serait resté à Metz, en bon état, plus de 2,000 bouches à feu et plus de 100,000 fusils.*

L'officier qui donne ces détails ne peut s'expliquer le bruit qui a couru d'une révolte de l'armée de Metz comme il se sauvait quand elle défilait. Il croit la chose impossible ou au moins fort exagérée.

Le chef de gare de Neufchâteau informe que les Prussiens sont attendus ce matin dans Neufchâteau. Ils étaient hier à Mirecourt. Je n'ai pas d'autres avis de leurs mouvements de ce côté.

Pour copie conforme :

L'INSPECTEUR.

XV

DÉPÊCHE TÉLÉGRAPHIQUE.

Bureau de Tours, N. 855. — 2 novembre 1870.

Cambrai, 2 novembre 1870.— 2 h. 17 m. du soir.

Sous-Préfet à Intérieur. — Tours.

Vos deux proclamations produisent excellent effet, mais républicains demandent destitution fonctionnaires bonapartistes et prompt armement garde mobilisable.

Viens de voir soldat échappé Metz ; *Bazaine n'a pas combattu depuis 31 août.*

Changarnier a demandé que armée se retire en Algérie. Frédéric-Charles lui a dit : « Pas besoin cela, j'aurai Metz dans deux jours ; je sais tout ce que vous avez dit en conseil de guerre par Coffinières. »

Beaucoup de soldats ont brisé armes malgré Bazaine ordonnant rendre en bon état.

Pour copie conforme :

L'INSPECTEUR.

XVI

DÉPÊCHE TÉLÉGRAPHIQUE.

Bureau de Tours.— N. 105.— Exp. le 2 novembre 1870, à 10 h. 1-2 du soir.

Boulogne, le 2 novembre 1870. — 6 h. du soir.

Inspecteur à Directeur général. — Tours.
(Correspondance du *Times*.)

Saarbruck, 31 octobre. — Une partie armée prince Frédéric-Charles marche vers sud; autre partie vers Thionville, Verdun et Mézières. — Un corps d'armée occupe Metz sous commandement du général von Kunner.

Télégramme Reuter. — Bruxelles, 1er novembre. — *Indépendance belge* de ce jour publie lettre du général Boyer réfutant accusation et concluant : « Nous avons capitulé par famine. »

Correspondance du *Times*. — Cassel, 31 octobre. — Impératrice Eugénie est arrivée incognito à Wilhemshoë hier à midi; le général Clary seul l'accompagnait; maréchal Bazaine a eu une entrevue avec empereur à 3 h. 30 soir.

Pour copie conforme :

L'INSPECTEUR.

XVII

DÉPÊCHE TÉLÉGRAPHIQUE.

Communication de Tours. — 6 novembre 1870, à 8 h. 40 m. du soir.

Bruxelles, le 6 novembre 1870.— 5 h. 40 m. du soir.

Détroyat, 23, Permentade. — Bordeaux.

Armistice plus incertain que jamais; Bismarck aurait dit que si accordait pas avec Thiers, arrangerait avec Napoléon.
Impératrice rentrée en Angleterre.
Ladmirault a protesté contre conduite Bazaine.
Frédéric-Charles établit quartier général Troyes.
Journaux allemands, revenant sur précédentes appréciations, disent Bazaine piètre stratégiste, triste politique. — Ernest.

XVIII

DÉPÊCHE OFFICIELLE.

Bureau de Tours, N. 1.

N. d'arrivée 871.

Intérieur.

Urgence. — Tours, de Lille, 5655, 99, 5, 1 h. 50 m. soir. — Commissaire de la défense à Gambetta, ministre Intérieur, à Tours. — 5125.—Passage continuel d'échappés de Metz, confirmant la trahison de Bazaine et consorts. — A quand la désignation du conseil de guerre qui les jugera? — Testelin.

XIX

DÉPÊCHE OFFICIELLE.

Bureau de Tours.

N. d'arrivée 483.

Intérieur.

Urgence. — Tours, de Lille, 5636, 65, 4, 11 h. 25 m. soir. — Préfet Nord à Intérieur. Tours, 5606. — J'ai reçu aujourd'hui la visite de « M. Frédéric Debains », secrétaire d'ambassade, attaché à l'armée du Rhin. Il vient de partir directement pour Tours, où il tient à arriver le plus tôt possible. Il a des détails fort intéressants sur ce qui s'est passé à Metz, et qui confirment les opinions des officiers déjà évadés.

XX

Procès-verbal d'enquête.

L'an 1870, le 5 novembre, par devant M. Mir, sous-préfet de Castelnaudary, assisté de M. Grouvelle, procureur de la République, a comparu M. Maffre, médecin principal de l'armée de Metz, lequel, invité à fournir des renseignements et des explications sur les circonstances qui ont précédé la capitulation de Metz, a fait les déclarations suivantes :

Demande : Vos nom, prénoms, profession et domicile?

Réponse : Auguste Maffre, médecin principal de l'armée de Metz, actuellement résidant à Castelnaudary.

D. A quelle époque êtes-vous arrivé à l'armée de Metz?

R. Vers le 10 août. Le 14 au matin, j'ai été voir le maréchal Bazaine que je n'avais pas vu depuis son départ de Paris. J'ai connu le maréchal au Mexique, et c'est dans cette campagne qu'il m'a attaché au quartier général.

D. Quelles sont les opérations militaires qui ont été tentées par le maréchal?

R. Le 14 août, l'armée a passé de la rive droite sur la rive gauche de la Moselle, pour couvrir la retraite de l'Empereur sur Verdun. L'opinion que j'ai entendu manifester, c'est que cette manœuvre a été désastreuse pour l'armée : si, au lieu de descendre dans la vallée, on s'était tenu sur les collines qui environnent la ville, on aurait empêché les Prussiens d'avancer et évité le blocus.

Je passe sur les journées des 15 et 16 août qui sont généralement connues. Je dirai seulement, que le maréchal a reproché au général Ladmirault de s'être trompé de chemin et de s'être attardé de 4 heures. Le maréchal avait à Rezonville le roi de Prusse devant lui avec sa garde. Si le général Ladmirault était arrivé à temps, il aurait soutenu le maréchal Canrobert qui a fléchi, et le gain de la journée était certain.

D. A quelle cause attribuez-vous la retraite du maréchal sur le camp retranché de Metz?

R. Les soldats n'avaient plus de munitions (et il n'en existait même plus dans Metz), les Prussiens du reste avaient coupé la route de Verdun à Briey.

D. Pourquoi, du 18 août au 31, n'a-t-il été tenté aucune opération sérieuse?

R. On s'occupait à faire des munitions et on terminait les fortifications et l'armement de la ville et des forts.

D. Quel était suivant vous le but de la sortie du 31?

R. Je crois que Bazaine voulait donner la main au maréchal de Mac-Mahon vers Stenay.

D. N'est-il pas vrai cependant que les bagages de l'armée étaient restés consignés dans l'île Chambrière?

R. Je n'en sais rien ; mais il est vrai que je ne les ai point vus suivre à l'arrière de l'armée. Au surplus, les attaques ont été nulles.

D. Pourquoi n'a-t-on pas continué le mouvement en avant ?

R. Parce qu'un brouillard très-intense est survenu le soir du 31, à 9 heures.

D. Le lendemain, pourquoi la retraite a-t-elle été ordonnée ?

R. Le maréchal Lebœuf s'est laissé surprendre au village de Servigny, dans la nuit du 31 août au 1er septembre. Dans la matinée du lendemain, il a dû tenter de reprendre la position, sans pouvoir y parvenir. L'ennemi l'a tourné par sa droite. Il en a avisé le maréchal Bazaine qui a dû opérer la retraite vers 4 heures du soir. Celui-ci, en recevant la dépêche du maréchal Lebœuf, a dit au général Bourbaki, auprès duquel je me trouvais : « *Ce sacré Lebœuf fait encore des siennes ; toujours mollasse.* »

D. Depuis le 4 septembre jusqu'à la capitulation de Metz, a-t-il été fait une sortie sérieuse?

R. Non. Il n'a été fait de sortie que vers le village de Peltre, pour surprendre des approvisionnements à l'ennemi. Notre compatriote, le général Lapanet, s'y est illustré par la manière remarquable dont il tenait sa brigade.

Il n'y avait pas plus de 4,000 à 5,000 hommes de notre côté.

C'est le 27 septembre que cette sortie a eu lieu.

Quelques jours après, il a été tenté un coup de main sur le château de Ladonchamp et sur les Grandes et Petites-Tapes, dans le but d'approvisionner l'armée de denrées et de foin.

Dans ces engagements, on comptait environ 10,000 hommes de notre côté.

Ce sont les seules sorties qui ont été opérées.

D. Le maréchal entretenait-il dans son armée l'ardeur guerrière qu'un commandant en chef doit toujours exciter?

R. Non.

D. Pourquoi, vers le 17 octobre, a-t-il paru dans les journaux de Metz une note indiquant le nombre et la force des corps assiégeants?

R. Pour calmer l'impatience des soldats qui, ne voyant devant eux qu'une faible ligne de troupes, s'écriaient : « En avant ! » et demandaient à marcher à l'ennemi. L'ardeur de nos soldats était d'autant plus grande que l'on annonçait à cette époque des défaites de l'armée prussienne, le rappel dans leurs foyers des contingents bavarois et wurtembergeois, et l'entrée en ligne d'une armée autrichienne. C'est alors que des accusations d'impéritie et d'inaction coupable ont circulé dans les rangs.

D. A quelle époque a-t-on commencé à réduire ostensiblement les rations?

R. Vers le 15 octobre seulement.

D. Pensez-vous que le maréchal Bazaine ait eu le projet de restaurer la dynastie bonapartiste?

R. Je n'en sais rien. Je sais seulement, pour avoir assisté à des conversations qui ont eu lieu devant lui, que les neveux du maréchal (1), plusieurs officiers et moi-même protestions énergiquement contre toute idée de restauration, un tel projet devant, suivant nous, conduire à la guerre civile. Le maréchal Bazaine, qui, du reste, est très-sensible, manifestait ses affections pour la famille impériale, et il imposait silence à ses neveux lorsqu'ils étaient trop violents dans leurs protestations.

D. A quelle époque avez-vous connu la capitulation de Sedan et la proclamation de la République?

R. Nous avons été informés par des prisonniers prussiens du désastre de Sedan. C'est un conducteur du génie, échappé du désastre, qui nous a fait connaître la proclamation de la République, au moyen de numéros du *Moniteur* qu'il avait apportés dans ses bottes.

D. Le maréchal a-t-il fait part à l'armée de l'avénement du gouvernement de la défense nationale?

R. Non. Ce n'est que quelques jours après le 15 septembre que j'ai connu son ordre général, dans lequel il parlait des événements politiques, qu'il aurait connus par la voie des journaux allemands.

D. Avez-vous entendu parler de la constitution d'un comité de défense à outrance?

R. Non. Au surplus, les troupes qui campaient dans les boues, tout autour de Metz, à plus de quatre kilomètres de la ville, communiquaient très-difficilement entre elles. On se contentait de demander la destitution du maréchal Lebœuf et du général Frossard.

D. Il semble résulter de votre témoignage que le maréchal a laissé croupir l'armée dans l'oisiveté et dans la boue?

(1) Les deux fils de M. l'ingénieur Bazaine.

R. Oui. On se livrait cependant à des exercices militaires et aux travaux des lignes de défense.

D. Est-il vrai que le maréchal ait supprimé des journaux qui appelaient les citoyens à la lutte à outrance?

R. J'ai vu des journaux avec des lignes en blanc.

D. A quoi attribuez-vous ces blancs?

R. Je pensais que le maréchal faisait supprimer les phrases et les articles qui contrariaient ses vues et sa politique.

D. Est-il vrai que le général Boyer, au retour de sa mission, ait annoncé officiellement qu'Orléans, Tours, Bourges et Rouen étaient aux mains des Prussiens?

R. Oui. Il m'a dit à moi-même que le Havre demandait une garnison prussienne. Suivant lui, l'anarchie désolait la France.

D. Pensez-vous que le général Boyer ait exercé une pernicieuse influence sur le maréchal?

R. C'est ma conviction. Le général Boyer a été le mauvais génie de Bazaine.

D. A quelle époque a-t-on parlé à l'armée du projet de capitulation?

R. Aux derniers jours seulement. On se disait que les fins de la politique du maréchal étaient d'amener l'armée à marcher sur Paris, par exemple, ou sur toute autre ville révoltée, pour faire prévaloir les idées du maréchal, ce qui amènerait forcément la guerre civile.

D. Le maréchal faisait-il accroire qu'il communiquait avec le gouvernement de la défense nationale?

R. Il nous a dit qu'il avait envoyé plus de soixante messagers au gouvernement de Tours.

D. Comment l'armée a-t-elle accueilli la proposition de capitulation?

R. On ne l'a pas consultée. Les chefs seuls ont été informés. Des soldats ont crié *à la trahison! à bas Bazaine!*

D. Pourquoi et à partir de quelle époque le général Coffinières, commandant supérieur de la ville, a-t-il livré au maréchal Bazaine les vivres de la place?

R. Je crois que ces livraisons ont commencé après le combat de Gravelotte. D'après les règlements militaires, le général ne pouvait refuser des vivres qui lui étaient demandés par un ordre écrit du maréchal.

D. Ces règlements n'enjoignent-ils pas au commandant d'une place d'exiger dans les huit jours la restitution des vivres qu'il a livrés? Le général Coffinières a-t-il demandé au maréchal de lui rendre ses vivres dans ledit délai?

R. Oui. Le général a demandé par écrit la réintégration des vivres. Le maréchal a répondu que désormais le sort de Metz et de l'armée était lié d'une manière indissoluble, et que l'armée se constituait dès ce moment garnison de Metz.

D. Le général Coffinières était-il appelé dans le conseil de guerre?

R. Oui. On disait même que le général Coffinières y représentait les idées libérales et la résistance à la majorité. Irrité par cette résistance, le général Frossard lui aurait dit un jour : « *Vous voulez donc être le président de la République de Metz?* »

D. Le général Coffinières a-t-il jamais reconnu l'existence de la défense nationale?

R. Je crois qu'il l'a reconnue dès les premiers jours. Sa position subordonnée lui commandait au surplus une certaine réserve.

D. Quand avez-vous quitté Metz et quel itinéraire avez-vous suivi?

R. J'ai quitté Metz le 29, à midi, avec l'état-major général. J'ai couché à Pont-à-Mousson. Le chemin de fer m'a conduit à Francfort. Je suis rentré par le duché de Bade, la Suisse et Lyon.

D. L'article 5 du protocole dit que les médecins militaires, sans exception, resteront en arrière pour soigner les blessés. Comment êtes-vous ici?

R. Le protocole ajoute : « Ils seront traités d'après la convention de Genève. » Or, d'après cette convention, lorsque les services sont assurés, les médecins sans emploi restent libres.

Lecture faite, M. Maffre a persisté dans sa déclaration et a signé avec nous, sous-préfet, et le procureur de la République.

LA
DÉFENSE NATIONALE

Voyons maintenant comment le Gouvernement de la Défense nationale a organisé la défense :

I

New-York, le 29 novembre 1870.

A M. Crémieux,

MEMBRE DU GOUVERNEMENT DE LA RÉPUBLIQUE FRANÇAISE.

Cher ancien collègue et ami,

Deux fois je vous ai écrit et je n'ai pas reçu de réponse ; je pense que vos occupations vous en ont empêché.

Comme il s'agissait de munitions et d'hommes tout armés et tout équipés, ne réclamant que leur passage d'ici en France,— et que, si ces hommes étaient partis, ils donnaient l'élan à toute une population et à un parti politique qui se compte par millions, et qui nous auraient soutenus de leurs sympathies, de leur argent et de leur sang. Je crois que vous avez eu tort de ne pas donner à ma lettre toute l'importance qu'elle méritait.

Vous aviez probablement assez d'hommes, et vous êtes allé au plus pressé... Maintenant, c'est fait, c'est passé, n'en parlons plus.

Aujourd'hui, il se passe quelque chose de moins important, mais qui mérite néanmoins la considération du Gouvernement de la République française.

Un monsieur Treilhard, nommé ambassadeur par Bonaparte, il y a quelques mois, arrive à Washington pour remplacer M. Berthemy. Tous les Américains d'en rire. On lui dit que ce n'est plus le même gouvernement, et que, en supposant que le Gouvernement français ait été trop occupé pour nommer un républicain auprès d'une République, on se contente de celui qui tient l'emploi.

— Oh! il va écrire à Favre, et dans quelques jours tout sera arrangé.

De rire encore plus fort!

Au même moment, on apprend la nomination de M. d'Alzac, à Londres.

Oh! alors, le rire devient complet.

A quoi pensent vos gouvernants? nous dit-on.

Il n'y a donc plus d'hommes intelligents autre que ces Messieurs dans la belle France!

— Et on se moque de nous. D'autant mieux que rien n'a été fait ici pour nous attacher ce grand pays, qui, dès les premiers jours de la République, avait tourné toutes ses sympathies de notre côté. Mais, quand il a vu que nous ne changions rien, et que les cléricaux se mêlaient de tout en France, il a redonné ses sympathies aux Prussiens, qui sont protestants comme lui.

Du reste, mon ami Orsini, à qui je remets cette lettre, vous expliquera mieux que je ne puis le faire dans une lettre, tout ce qui s'est passé et tout ce qu'il y aurait encore à faire pour vous ramener la sympathie des États-Unis, qui chaque jour va de plus en plus du côté de M. de Bismarck.

Lorsque mon ami Orsini arrivera, j'espère que Paris sera délivré, et la France en bonne voie de reconquérir ses provinces envahies. S'il peut vous rendre quelques services en Italie, où il se rend, vous pouvez vous fier à lui; il le fera, et nul ne s'en acquittera mieux que lui.

Recevez l'assurance de ma considération distinguée,
et croyez-moi

Votre ami tout dévoué,

Signé : C. PELLETIER.

135, Wooster street, New-York.

II

Note adressée au Gouvernement de la Défense nationale.

L'empire avait réussi en partie à faire oublier aux Américains les grands services que la France leur avait rendus pendant la guerre de l'indépendance des États-Unis contre la domination anglaise.

Les calomnies, les intrigues, les menaces et fanfaronnades de tout genre des agents de l'empire, surtout pendant la guerre du Mexique, avaient tellement indisposé les Américains que, à la déclaration de guerre entre la Prusse et la France, toutes les sympathies étaient pour la Prusse.

Il faut ajouter à cela que la population allemande est très-nombreuse, et qu'elle prend une part active à la vie politique des États-Unis, ce qui la fait tenir en grande considération par les hommes d'État de ce pays. La communauté de religion établit aussi des liens de sympathie entre les deux peuples.

Les Français, au contraire, ne veulent à aucun prix s'intéresser aux affaires du pays qu'ils habitent, et cette abstention leur fait perdre beaucoup de l'importance qu'ils devraient avoir par leurs traditions et par leur industrie, qui est très-importante à New-York surtout.

Le Gouvernement des États-Unis s'était donc montré, depuis le commencement de la guerre, très-hostile à la France. Mais il faut reconnaître qu'un changement *radical* d'opinion s'est opéré, sinon de la part du Gouvernement, du moins de la part du peuple, sans distinction de *classes*, après la proclamation de la République à Paris.

Le *Times*, l'*Evening-Post*, le *Sun*, le *Standard*, l'*Evening-Mail*, le *Commercial-Advertiser* étaient, avant Sedan, chauds partisans de la Prusse. Depuis le 5 septembre, ils sont devenus les soutiens les plus sincères et les plus dévoués de la République française. Il faut observer que ces journaux sont les plus importants de New-York, et qu'il y a en outre aujourd'hui, dans les États-Unis, trois cents ou quatre cents journaux *américains* qui suivent la cause française avec intelligence et désintéressement.

Le changement qui s'est fait dans la presse s'est fait aussi dans le peuple. Il faut bien reconnaître qu'un peuple, comme l'Américain élevé dans les principes républicains, ne peut pas rester indifférent à la naissance d'une nouvelle République, surtout quand cette Ré-

publique remplace le pouvoir qui fut l'ennemi le plus acharné de
États-Unis.

En dehors de la population américaine, il faut tenir compte aussi
de l'enthousiaste sympathie des Irlandais, qui représentent un
sixième de la population des États-Unis.

Les Américains amis de la France, les Irlandais et les Français
républicains habitant les États-Unis, forment un ensemble qui
offrirait des ressources incalculables, si les représentants du Gouvernement français avaient agi en patriotes, et si, à l'instar des
agents allemands, ils avaient pris l'initiative de toutes les mesures
qui pouvaient venir en aide à la France.

Pas une réunion, pas une souscription, rien, en un mot, n'a été
fait sur l'initiative des représentants de la France.

On a fait quelque chose, c'est vrai, à la suite de l'exemple donné
par la société de bienfaisance de San-Francisco. On a recueilli et envoyé une somme peut-être de un million de francs. On comprendra
aisément que c'est un résultat assez mesquin ; mais il ne pouvait être
autre, parce que les organisateurs étaient les mêmes individus qui
avaient trop exclusivement soutenu l'empire, par conséquent, isolés
et méprisés par la majorité de la population française et détestés par
les Américains.

Si les agents ou représentants du Gouvernement français s'étaient
bornés à ne rien faire, ce serait une grave faute dans les circonstances actuelles ; passe encore cependant. Mais ils ont mal fait et
ils continuent, on pourrait presque le croire, à faire encore plus
mal.

D'abord, les agents nommés par l'ex-gouvernement impérial ne
peuvent être que nuisibles à la cause de la République, lors même
qu'ils seraient intelligents et dévoués, et ce n'est pas le cas.

Le consul général de France à New-York conserve dans ses bu-
reaux les portraits de l'ex-empereur et de l'ex-impératrice. Dans ses
conversations intimes, il s'exprime (comme il l'a fait avec un em-
ployé des Transatlantiques, que je nommerai au besoin), dans les
termes les plus défavorables à l'état actuel des choses ; il continue à
porter aux nues le gouvernement déchu, et il n'a pas encore payé,
en quoi que ce soit, son obole à la grande cause de la défense nationale.

Pour le simple contrôle des contrats faits par la commission d'armement avec les fabricants, le consul général de France perçoit une
commission qui eût été épargnée si l'on avait chargé de ce soin